Benny Schmidt

Innere Sicherheit im Kontext moderner Kommunikationsmedien

Die persönliche Freiheit und staatliches Handeln

GRIN Verlag

Bibliografische Information der Deutschen Nationalbibliothek:

Die Deutsche Bibliothek verzeichnet diese Publikation in der Deutschen National-
bibliografie; detaillierte bibliografische Daten sind im Internet über http://dnb.d-
nb.de/ abrufbar.

Impressum:

Copyright © 2012 GRIN Verlag GmbH
Druck und Bindung: Books on Demand GmbH, Norderstedt Germany
ISBN: 978-3-656-34217-5

Universität Leipzig

Fakultät für Sozialwissenschaften und Philosophie

Institut für Politikwissenschaft

Modul: Konstitution der Macht

Seminar: Institutionen und Akteure der Inneren Sicherheit

Torsten Preuß (M.A.)

Wintersemester 2011/2012

Innere Sicherheit im Kontext moderner Kommunikationsmedien

Die persönliche Freiheit und staatliches Handeln

Benny Schmidt

1. Fachsemester Master Gymnasium

Germanistik/Deutsch und

Gemeinschaftskunde/Rechtserziehung/Wirtschaft

Gliederung

1 Einleitung

Mit dem Handy telefonieren, Emails schreiben, schnell den Kontostand online checken, den Flug im Web buchen, eine Adresse googlen, im Supermarkt mal eben den Preis des Produkts bei einem anderen Anbieter vergleichen – wir nutzen tagtäglich mehrmals und in vielfältiger Variation die modernen Kommunikationsmedien unserer Zeit.

Die Kommunikationstechnik hat in den letzen einhundert Jahren einen immensen Sprung vollzogen und entwickelt sich mit exponentieller Geschwindigkeit voran. Waren vor zwanzig Jahren mobile Telefonanschlüsse noch rar bis exotisch, so ist es heute eigentlich selbstverständlich, Handynummern als grundlegende Kommunikationsadressen zu tauschen. Es ist nicht zwingend wichtig, die genaue Adresse eines Kontakts zu besitzen, im Zweifelsfall ist die Person über das Handy viel eher zu erreichen. Ähnlich verhält es sich mit den Kontaktmöglichkeiten, die durch das Internet vorangetrieben wurden und immer noch werden: Kommuniziert wird zu einem Großteil per Email, über soziale Netzwerke wie Facebook oder mittels Internettelefonie (VoIP)[1] z.B. via Skype. Natürlich darf man hierbei die klassischen Medien zur Kommunikation wie den Brief und das Festnetztelefon nicht vergessen.

Bei allen diesen Vorgängen hinterlässt der Nutzer oder die Nutzerin Spuren, die man (am ehesten) mit Fußabdrücken vergleichen kann. Einige von diesen sind für bestimmte Institutionen (z.B. die Telekommunikationsanbieter) wichtig und werden zu Abrechnungszwecken genutzt. Mittlerweile werden einige Leistungen auch fast ausschließlich über das Internet getätigt. So ist die Onlineabwicklung u.a. für Bankgeschäfte, Festnetztelefon-, Handy- und Internetverträge sowie für diverse andere Verträge (z.B. KFZ-Versicherung) fast schon obligatorisch. Zudem werden diese online abgeschlossene und online geführten Geschäfte in sehr vielen Fällen zu günstigeren Konditionen angeboten, als in ihrer klassischen Form z.B. über einen Versicherungsvertreter.

Auch der Privatcomputer ist ein wichtiger Teil des heutigen gesellschaftlichen Lebens, wird er doch nicht ausschließlich als Zugang zu Internet genutzt, sondern stellt quasi eine virtuelle Auslagerung des eigenen Lebens – ja fast ein zweites Gehirn der jeweiligen Person – dar. Hier werden eine Vielzahl personenbezogener Daten auf der Festplatte des Computers gespeichert, beispielsweise in Form von Textdokumenten, Emails und Fotos.

---

[1] VoIP - Voice over IP

Da in vielen Bereichen des heutigen Lebens moderne Kommunikationsmittel eingesetzt werden, ist es unweigerlich so, dass man mit ihnen in Kontakt kommt – und in irgendeiner Art und Weise die eigenen Spuren hinterlässt.

Auch der Staat ist von dieser neuen, veränderten Lage und den gewandelten Bedingungen betroffen. So will er seine Aufgaben – zu denen u.a. die Herstellung Innerer Sicherheit zählt – erfüllen und muss seine Arbeitsweisen abändern und anpassen, um diesem Auftrag gerecht zu werden. Im Hinblick auf moderne Kommunikationsmedien wurden in den letzten Monaten und Jahren diverse neue Wege beschritten. Zu nennen sind hier beispielsweise Gesetze und Verfahren zur Vorratsdatenspeicherung, zur Quellen-Telekommunikationsüberwachung sowie die zur Funkzellenüberwachung bzw. Funkzellenauswertung. Aktuell stellen die modernen Kommunikationsmedien einen neuen Raum dar, für den noch keine umfassenden Regelungen und Erfahrungen existieren.

Die Frage zur Vereinbarkeit und Balance von Freiheit einerseits und Sicherheit andererseits in ihrem Spannungsfeld ist nicht neu. Man kann sie sogar als „klassische Frage" betrachten, da seit der Gründung von Staaten „[…] das Verhältnis von Freiheit und Sicherheit immer wieder neu bestimmt werden muss, da sich das Gefahrenpotenzial infolge technischer und sozialer Veränderungen stetig verändert"[2]. Zentral gestaltet sich hier immer wieder die Definition der Staatsaufgaben und der staatlichen Handlungsspielräume. Demzufolge ist es unter den neuen Aspekten und Entwicklungen im Bereich der modernen Kommunikationsmedien wichtig, dass jenes Verhältnis in diesem brisanten Bereich reguliert und ausbalanciert wird. Es gilt also, diese „klassische Frage" wieder aufzugreifen.

Der Staat verletzt die Freiheit für die Schaffung innerer Sicherheit im Bereich der modernen Kommunikationsmittel in starkem Maße; der dabei erzielte Gewinn an innerer Sicherheit steht zu den verwendeten Mitteln in keinem Verhältnis.

Diese Problematik soll in der folgenden Arbeit beleuchtet und analysiert werden. Hierzu sollen zunächst die zentralen Begriffe „Sicherheit", „Freiheit" sowie „moderne Kommunikationsmedien" definiert werden. Es schließt sich eine Betrachtung von Macht und Aufgaben des Staats an. Hiernach werden aktuelle Formen des Eingriffs in die persönliche Freiheit themati-

---

[2] Rux, Johannes: *Wie viel muss der Rechtsstaat wissen? Datenerhebung im Kernbereich des Persönlichkeitsrechts*, in: Huster, Stefan / Rudolph, Karsten (Hrsg.), Vom Rechtsstaat zum Präventionsstaat, Suhrkamp Verlag 2008, S. 216.

siert. Dazu sollen exemplarisch die Vorratsdatenspeicherung sowie die Quellen-Telekommunikationsüberwachung (umgangssprachlich oft auch als „Staatstrojaner" bezeichnet) betrachtet werden. Anschließend ist die Wirksamkeit dieser Staatseingriffe zu hinterfragen. Hiernach sollen einige weitere Rechtsbezüge in den Fokus gerückt werden, die die persönliche Freiheit betreffen. Den Abschluss bildet ein Fazit.

2 Begriffsdefinitionen

Hier gilt es nun die zentralen Begriffe „Sicherheit", „Freiheit" sowie „moderne Kommunikationsmedien" zu definieren und ihre inhaltliche Bedeutung innerhalb dieser Arbeit zu klären.

2.1 Sicherheit

Der Begriff der Sicherheit ist aus sozialwissenschaftlicher Perspektive kaum präzise zu definieren, seine Bedeutung lässt sich lediglich eingrenzen. Fest steht jedoch, dass „Sicherheit […] ein Grundbedürfnis des Menschen und ein klassisches Kollektivgut"[3] ist.

Stephan Böckenförde definiert Sicherheit als „[…] das weitgehende Unberührtsein von Gefährdung und der Erhalt der physischen und psychischen Unversehrtheit in einer das Überleben ermöglichenden Umwelt […]"[4]. Es handelt sich dabei um ein von der Gemeinschaft bedientes bzw. von ihr befriedigtes individuelles Grundbedürfnis des Menschen. Ferner ist damit gemeint, dass sich ein Individuum weitgehend frei von Gefahren für seine Existenz innerhalb eines Gemeinwesens entfalten kann, wobei es autonom und souverän dabei ist. Zudem ist die Sicherheit des Einzelnen oder der Einzelnen direkt von der Sicherheit der Gemeinschaft abhängig.[5] Kommt es in der Gemeinschaft zur Unsicherheit, so wirkt sich das auch auf die einzelne Person negativ aus.

Für Gert-Joachim Glaeßner bezeichnet der Begriff der Sicherheit als *soziale Gewissheiten*, die unterstellt werden. Somit geht er davon aus, dass es sich hierbei eher um ein soziales Konstrukt als um eine konkrete beschreib- und herstellbare Größe handelt. Mit Sicherheit werden

---

[3] Glaeßner, Gert-Joachim: *Sicherheit und Freiheit*, Aus Politik und Zeitgeschichte B 10-11/2002, S. 3.

[4] Böckenförde, Stephan: *Die Veränderung des Sicherheitsverständnisses*, in: Böckenförde, Stephan / Gareis, Sven Bernhard (Hrsg.), Deutsche Sicherheitspolitik. Herausforderungen, Akteure und Prozesse, Verlag Barbara Budrich 2009, S. 12.

[5] Vgl. Ebd.

die Vermeidung von Risiken, Verlässlichkeit, Gewissheit sowie die Abwesenheit von bzw. der Schutz vor Gefahren assoziiert.[6]

„Sicherheit ist die Abwesenheit von Risiken."[7] Diese Definition von Christph Gusy fällt wesentlich kürzer aus und beschreibt Sicherheit lediglich im Kerngedanken ohne umfassend weitere Ebenen der Begrifflichkeit zu beleuchten. Gusy bringt stattdessen das Sicherheitsgefühl mit ins Spiel und weist somit Parallelen zu Glaeßner und dessen „sozialen Gewissheiten" in seiner Begriffsbestimmung auf. „ ‚Das' Sicherheitsgefühl besteht aus einer höchst differenzierten Summe von Sicherheitsgefühlen. Deren Schutz ist schon juristisch kaum definier-, geschweige denn leistbar. [...] Wo sich der eine legitimerweise geschützt fühlt, fühlt sich der andere illegitim überwacht."[8] Auch hier wird die Problematik einer präzisen Begriffsklärung deutlich. Essentiell ist das Spannungsverhältnis und die Abhängigkeit von Freiheit und Sicherheit zueinander: „Freiheit braucht Sicherheit, Sicherheit braucht aber auch Freiheit"[9].

Gerhart Baum reduziert Sicherheit radikal auf eine – wenn auch wichtige – Bedingung für Freiheit[10], vernachlässigt aber deren Wechselwirkung.

Alleine diese kleine Gegenüberstellung diverser Definitionen von „Sicherheit" zeigt, dass eine allumfassende und immer gültige Klärung diese Begriffs nicht existiert. Für diese Arbeit soll am ehesten auf die Präzisierung von Böckenförde Bezug genommen werden, wenngleich diese um Gusys Gedanken der gegenseitigen Abhängigkeit von Freiheit und Sicherheit ergänzt werden soll. Damit wird gleichfalls Baums Sichtweise mit einbezogen, jedoch dahingehend abgeändert, als dass Sicherheit nicht nur einseitig als Bedingung wirkt, sondern selbst auch durch Freiheit beeinflusst und ggf. verändert wird. Zudem sind zwei Dimensionen zu beachten: einerseits die Sicherheit *durch* den Staat und andererseits die Sicherheit *vor* dem Staat.

---

[6] Vgl. Glaeßner: *Sicherheit und Freiheit*, S. 3 f.

[7] Gusy, Christoph: *Der öffentliche Raum – Ein Raum der Freiheit, der (Un-)Sicherheit und des Rechts*, Juristen Zeitung 5/2009, S. 219.

[8] Ebd., S. 221.

[9] Ebd., S. 222.

[10] Vgl. Baum, Gerhart: *Im Spannungsfeld von Freiheit und Sicherheit*, in: Arnauld, Andreas von / Staack, Michael (Hrsg.), Sicherheit versus Freiheit?, Berliner Wissenschafts-Verlag 2009, S. 32.

2.2 Freiheit

Wie bereits erwähnt, bedingen und benötigen sich Freiheit und Sicherheit gegenseitig.[11] „Freiheit bedarf der Sicherheit. Freiheit ist stets Freiheit von etwas."[12] Man muss sie verteidigen, beispielsweise indem man sich vor Gefahren schützt, fremder Einmischung Grenzen setzt und Übergriffen trotzt. Die persönliche Freiheit ist in jeder Gesellschaft durch die (möglichen) Übergriffe Anderer gefährdet. Somit ist auch die Freiheit vor anderen von Belang. Dadurch, dass man sich vor diesen Übergriffen schützt oder geschützt wird, erlangt man einen Raum der Sicherheit, in dem man sich relativ frei bewegen kann. Folglich bedeutet Freiheit aber auch Begrenzung. Um selbst Freiheit innerhalb einer Gemeinschaft zu erlangen, begrenzen alle ihr zugehörigen Individuen ihre persönliche Freiheit in gewissem Maße, erhalten dadurch Sicherheit vor noch größeren freiheitseinschränkenden Übergriffen der anderen und gelangen letztlich zu ihrer eigenen (begrenzten) Freiheit. Somit endet die Freiheit des Einen an der Stelle, an der die eines Anderen beginnt.[13] Hierbei darf nicht vergessen werden, dass der Staat eine Doppelfunktion erfüllt: Er schafft Freiheit, darf diese aber auch einschränken.

> „Die Freiheit einer politischen Ordnung bemisst sich zuerst an der Stärke der Barrieren, die den einzelnen vor den Maßnahmen der Obrigkeit, den Übergriffen der Nachbarn und den Attacken der Feinde schützen. [...] Freiheit erzeugt Unsicherheit. Eine Freiheit, die nicht missbraucht werden kann, ist keine. Freiheit schließt nicht die Pflicht ein, Gutes zu tun. [...] Untaten sind nicht das Ergebnis der Freiheit, sie sind ihr Beweis."[14]

Freiheit kann auch dahingehend definiert werden, als dass damit „[...] a) die ‚Freiheit von etwas‘, d.h. die traditionelle, im europäischen Denken zentrale Forderung nach Unabhängigkeit und Abwesenheit von Zwang und Unterdrückung, und b) die ‚Freiheit für etwas‘ "[15] gemeint ist.

In den Grundrechten wird die Freiheit gleich als zweites Grundgesetz direkt nach der Würde des Menschen festgehalten: „(1) Jeder hat das Recht auf die freie Entfaltung seiner Persönlichkeit, soweit er nicht die Rechte anderer verletzt und nicht gegen die verfassungsmäßige

---

[11] Vgl. zum Spannungsverhältnis auch Schwarz, Kyrill-A.: *Die Dogmatik der Grundrechte – Schutz und Abwehr im freiheitssichernden Staat*, in: Blaschke, Ulrich et al. (Hrsg.), Sicherheit statt Frieden? Staatliche Handlungsspielräume in extremen Gefährdungslagen, Duncker & Humblot 2005, S. 32 ff.

[12] Sofsky, Wolfgang: *Das Prinzip Sicherheit*. Frankfurt am Main: S. Fischer Verlag 2005, S. 147.

[13] Vgl. Ebd., S. 147 ff.

[14] Ebd., S. 148 f.

[15] Schubert, Klaus / Klein, Martina: *Das Politiklexikon, 4. erweiterte und aktualisierte Auflage*. Bonn: Dietz 2006, S. 113.

Ordnung oder das Sittengesetz verstößt. (2) Jeder hat das Recht auf Leben und körperliche Unversehrtheit. Die Freiheit der Person ist unverletzlich. In diese Rechte darf nur auf Grund eines Gesetzes eingegriffen werden."[16]

Ebenso werden freiheitsbeschränkende Maßnahmen ganz allgemein auch durch das Grundgesetz ermöglicht, sofern spezifische Gesetze das Weitere regeln: „(1) Die Freiheit der Person kann nur auf Grund eines förmlichen Gesetzes und nur unter Beachtung der darin vorgeschriebenen Formen beschränkt werden. [...]"[17]

2.3 Moderne Kommunikationsmedien

Die Informations- und Kommunikationstechnologien haben sich geändert. Mit der Einführung des Personalcomputers in den 1980er Jahren ist die individuelle Computernutzung rapide exponentiell angestiegen. Neben dem Computer ist auch das Handy als wesentliches Kommunikationsmedium zum alltäglich benutzten Mittel geworden. Heutzutage kann man mit den meisten Handys nicht nur telefonieren und Kurzmitteilungen (SMS) versenden, sondern sie sind auch in der Lage, auf Inhalte des Internets zuzugreifen und agieren daher wie ein Computer im Hosentaschenformat. Ebenso bietet der Elektronikmarkt für alle Bedürfnisse und Lebenslagen eine vielfältige Auswahl und Anzahl von PC-Modellen an.

Die modernen Kommunikationsmedien funktionieren anders und binden ihre Nutzer und Nutzerinnen in anderer Art und Weise ein, als es bei der bisherigen Kommunikation per Post oder analogem Telefon der Fall war und ist. Gleichzeitig entwickelt sich das Internet als weltumspannendes und verbindenden Datennetz zum globalen Medium. Hierüber wird mittlerweile eine Vielzahl der Kommunikation abgewickelt, von der Email über Internettelefonate und Online-Einkäufen bis hin zum Online-Bankgeschäft. Das Internet fungiert als wichtiger Kanal für den schnellen, relativ unkomplizierten und relativ unmittelbaren Austausch untereinander.

Demzufolge soll mit „moderne Kommunikationsmedien" hier jegliche Art von Geräten bezeichnet werden, bei der die Kommunikation zwischen Personen bzw. Organisationen über das Internet oder ähnliche Netze (z.B. das Handynetz) via Computer, computerähnlichen Geräten (z.B. Smartphone, Tablet-PC) oder Handy abgewickelt wird. Ferner sind hierbei auch Gespräche über den Festnetzanschluss einzubeziehen, sofern dieser digital übertragen werden

---

[16] GG Art. 2

[17] GG Art. 104 Abs. 1

(z.B. als Voice over IP über eine Internetbox, an die das herkömmliche Festnetztelefon ange-schlossen wird).

Als Folge dieser Verschiebung des Raums, d.h. des Mediums bzw. der Abwicklung der Kommunikation, ergeben sich für den Staat einige grundlegende Veränderungen. Terroristi-sche Vereinigungen oder kriminelle Banden mussten sich bislang bei konspirativen Treffen untereinander austauschen, doch heute ist es ihnen zur Koordination ihrer Vorgehensweisen möglich, das Internet und andere moderne Formen zum Kommunizieren zu nutzen. Sie bedie-nen sich moderner Verschlüsselungsverfahren, welche einst teilweise mit staatlicher Unter-stützung geschaffen wurden, um den Datenschutz im Internet zu forcieren und zu gewährleis-ten. Folglich sind diese Schutzmaßnahmen oftmals derart zuverlässig, dass nun die staatlichen Sicherheitsbehörden Probleme haben, sie für ihre Arbeit wieder zu umgehen. Besonders bei der Internettelefonie ist der Aufwand gegenüber dem herkömmlichen Abhören dramatisch angestiegen.[18]

3 Macht des Staats und Sicherheit als seine Aufgabe

Bei der Beschäftigung mit staatlicher Macht ist auch immer das Gewaltmonopol des Staats zu betrachten. „Das Monopol auf legitime Gewaltanwendung gilt als Grundlage des modernen Staates. Das Gewaltmonopol hat den Schutz des Bürgers vor staatlicher und privater Willkür zum Ziel, wobei es selbst durch das Rechtsstaatsprinzip und die Grundrechte beschränkt wird.“[19]

Mit Gewalt ist hier das Verfügen-dürfen über andere, also legale Gewalt im Sinn der potestas gemeint.[20] Der Staat hält das alleinige Recht zur Gewaltanwendung.[21] Somit besitzen zwar Privatleute kein Recht zur Gewaltanwendung, denn dieses ist ja dem Staat übertragen, den-noch darf er eben jenes Gewaltmonopol nicht beliebig einsetzen. Die Menschen innerhalb des Staats geben ihre natürliche Freiheit auf und erhalten als Gegenleistung von ihm die Sicher-heit des Leibes, des Lebens und des Eigentums gewährleistet. Sofern die staatlichen Aufgaben

---

[18] Vgl. Rux: *Wie viel muss der Rechtsstaat wissen?*, S. 216.

[19] Feltes, Thomas: *Akteure der Inneren Sicherheit: Vom Öffentlichen zum Privaten*, in: Lange, Hans-Jürgen et al. (Hrsg.), Auf der Suche nach neuer Sicherheit. Fakten, Theorien und Folgen, VS Verlag für Sozialwissenschaften 2009, S. 109.

[20] Vgl. Grimm, Dieter: *Das staatliche Gewaltmonopol*, in: Anders, Freia / Gilcher-Holtey, Ingrid (Hrsg.), He-rausforderungen des staatlichen Gewaltmonopols. Recht und politisch motivierte Gewalt am Ende des 20. Jahr-hunderts, Campus Verlag 2006, S. 18.

[21] Vgl. Ebd., S. 20.

erfüllt werden, ist der „Tausch" legitim; kommt es jedoch zu einer Störung des Bedingungsverhältnisses, wird der Gewalteinsatz illegitim. Durch die Verfassung werden rechtliche Möglichkeiten und Schranken geschaffen, die das Gewaltmonopol kanalisieren, den Staat berechenbar machen und Bedingungen formulieren, unter denen dieser zum Mittel der Gewalt greifen darf.[22]

Dadurch, dass Gewalt und Macht in der Instanz „Staat" konzentriert wird – durch das Gewaltmonopol kommt es zur Gewaltbindung im Inneren – ist prinzipiell die Grundlage dafür geschaffen, dass innergesellschaftliche Konflikte weitestgehend gewaltfrei gelöst werden können.[23] Somit schützt der Staat seine Bürger vor Übergriffen.

Mit seiner Schutz und Sicherheit gewährleistenden Funktion legitimiert der Staat die Herausbildung des modernen staatlichen Gewaltmonopols. Somit sieht er die Herstellung von Sicherheit im Inneren als eine seiner Kernaufgaben an, man könnte diese gar als Staatsziel beschreiben.[24] „Öffentliche Sicherheit ist ein wichtiges Gut in der postmodernen Gesellschaft. Der demokratische Staat ist verpflichtet, dieses Gut seinen Bürgern zu garantieren [...]."[25] Folglich betreibt der Staat Sicherheitspolitik. Ein grundlegendes Problem ist hierbei allerdings, dass man erfolgreiche Sicherheitspolitik nicht nur an ihren Ergebnissen misst, also ob sie es schafft, nachdem Störungen der öffentlichen Ordnung und Sicherheit erfolgt sind, diese zu ahnden. Sie wird zu einem großen Teil auch an ihrer präventiven Fähigkeit bewertet, Ordnungsverstöße und Unsicherheit vor ihrer Entstehung zu verhindern.[26]

Die Innere Sicherheit wird durch Kontrolle und Repression erreicht. Dabei agieren Institutionen, welche legitimiert sind, im Rahmen der Verfassung und anderer rechtlicher Regelungen exekutiv Gewalt auszuüben und notfalls dies auch unter Anwendung von Zwangsmitteln.[27] Gänzlich kann Innere Sicherheit jedoch nicht hergestellt werden, da die „Gefechtsplätze" nicht genau lokalisiert, die „Feinde" zu unterschiedlich sind und zudem oftmals nicht genau definiert werden können.[28]

---

[22] Vgl. Ebd., S. 23 ff.

[23] Vgl. Böckenförde: *Die Veränderung des Sicherheitsverständnisses*, S. 13 f.

[24] Vgl. Glaeßner: *Sicherheit und Freiheit*, S. 4 f., 7.

[25] Feltes: *Akteure der Inneren Sicherheit: Vom Öffentlichen zum Privaten*, S. 109.

[26] Vgl. Glaeßner: *Sicherheit und Freiheit*, S. 10.

[27] Vgl. Feltes: *Akteure der Inneren Sicherheit: Vom Öffentlichen zum Privaten*, S. 105.

[28] Vgl. Ebd., S. 107.

Jedoch kann es „[u]nter diesen Rahmenbedingungen [...] nicht mehr um die *Garantie von Sicherheit*, sondern bestenfalls um die *Reduktion von Unsicherheit* gehen."[29]

4 Eingriffe in die persönliche Freiheit

Der Staat grenzt in verschiedenen Bereichen die Freiheit des Einzelnen oder der Einzelnen ein, um die Innere Sicherheit zu verbessern. Der Bereich der Sicherheit gehört, wie bereits erläutert, zu seinen Kernaufgaben und legitimiert sein Machtmonopol. Gänzliche kann er Sicherheit jedoch, dies wurde auch schon angeführt, nicht erreichen, sondern es handelt sich viel mehr um die Verringerung der Unsicherheiten. Dies geschieht mit unterschiedlichen Mitteln und auf vielfältige Art und Weise. Dabei ist es jedoch wichtig, dass diese Maßnahmen nicht willkürlich eingesetzt werden, sondern rechtlich abgesichert sind. Daher wurden bereits diverse Gesetze erlassen, auf deren Grundlage die staatlichen Sicherheitsbehörden als Akteure ihre Arbeit verrichten. „Daten dürfen nur aufgrund eines Gesetzes erhoben werden. Diese Gesetze müssen hinreichend bestimmt sein und einen Schutz gegen die Zweckentfremdung personenbezogener Daten bieten. [...] [Sie, B.S.] dürfen nur zu dem Zweck verwendet werden, zu dem sie erhoben wurden."[30]

Hierbei ist der Staat jedoch immer gefordert, sein Handeln zu rechtfertigen. Jegliche die Freiheit einschränkende Tätigkeit muss einerseits im Hinblick auf ihre Legitimation aber auch in Bezug auf ihre Wirksamkeit und Verhältnismäßigkeit zum Nutzen für die öffentliche Sicherheit erklärt und gerechtfertigt werden gegenüber den Bürgerinnen und Bürgern, die davon betroffen sind.[31] Sicherlich muss der Staat die Möglichkeit haben mithilfe entsprechender Werkzeuge die Innere Sicherheit zu verbessern, dennoch ist nicht jedes Mittel recht, weil „[n]icht alles, was irgendwie sinnvoll erscheint, darf auch realisiert werden"[32].

Je mittelbarer die Maßnahme und je geringer ihr inhaltlicher Bezug zum Schutz der physischen Sicherheit des Bürgers oder der Bürgerin ist, desto wichtiger ist die Rechtfertigung eben dieser Eingriffen. Das bedeutet, dass sich am leichtesten unter rechtsstaatlichen Gesichts-

---

[29] Glaeßner: *Sicherheit und Freiheit*, S. 5.

[30] Borsdorff, Anke: *Datenerhebung*, in: Lange, Hans-Jürgen (Hrsg.), Wörterbuch zur Inneren Sicherheit, VS Verlag für Sozialwissenschaften 2006, S. 55.

[31] Vgl. Baum: *Im Spannungsfeld von Freiheit und Sicherheit*, S. 32.

[32] Schaar, Peter: *Der Rüstungswettlauf in der Informationstechnologie*, in: Huster, Stefan / Rudolph, Karsten (Hrsg.), Vom Rechtsstaat zum Präventionsstaat, Suhrkampf Verlag 2008, S. 62.

punkten diejenige Schutzmaßnahme rechtfertigen lässt, die unmittelbar der physischen Sicherheit dient.

Im Folgenden sollen exemplarisch die Vorratsdatenspeicherung sowie die Quellen-Telekommunikationsüberwachung als Maßnahmen, die in persönliche Freiheiten eingreifen, beleuchtet werden. Es gilt die jeweilige Maßnahme darzustellen und ihren Eingriff in die persönliche Freiheit der Bürgerinnen und Bürger zu betrachten. Dabei sollen auch aktuelle Entwicklungen berücksichtigt werden.

4.1 Die Vorratsdatenspeicherung

Die Vorratsdatenspeicherung trat 2008 gesetzlich in Kraft. Hierbei werden sämtliche Verbindungsdaten aus der Telefon-, Mail- und Internetnutzung sowie die Handy-Standortdaten für eine Dauer von sechs Monaten gespeichert. Diese Daten sind abrufbar für die Strafverfolgung sowie zu Zwecken der Gefahrenabwehr.

Im Unterschied zu einer zielgerichteten Beschaffung personenbezogener Daten für einen spezifischen kriminellen Tatbestand, werden hierbei die Daten – und das besagt ja bereits der Name – auf Vorrat gespeichert.[33] Die Sammlung erfolgt also nicht *nach* sondern *vor* der eigentlichen (möglichen) Tat. Somit sind alle Nutzer der oben genannten Dienste, und das ist sicherlich keine unerhebliche Anzahl, von der Datenspeicherung auf Vorrat betroffen. Zudem ist hier zum Zeitpunkt der Erhebung kein bestimmter Nutzungszweck, d.h. keine bestimmte kriminelle Handlung, die untersucht und aufgeklärt werden soll, bestimmbar. Die Informationen werden präventiv für einen *möglichen* Fall bevorratet. Es „[…] wird das gesamte Telekommunikationsverhalten der Bevölkerung erfasst, obwohl nur ein verschwindend kleiner Teil der gigantischen Datenmenge zur Aufklärung schwerer Straftaten beitragen kann.“[34]

Greifen die Behörden auf Informationen zu, die allgemein zugänglich sind oder die die Bürgerinnen und Bürger freiwillig oder im Rahmen von Planungs- und Genehmigungsverfahren bereitgestellt haben, ist dies relativ unproblematisch.[35] Schließlich kann auf diese sowieso jede und jeder zugreifen oder sie wurden explizit durch die Personen selber preisgegeben. Dennoch ist es auch bei diese Daten so, dass sie nicht beliebig und unbeschränkt sondern lediglich

---

[33] Vgl. Borsdorff: *Datenerhebung*, S. 54.

[34] Schaar: *Der Rüstungswettlauf in der Informationstechnologie*, S. 55.

[35] Vgl. Rux: *Wie viel muss der Rechtsstaat wissen?*, S. 212.

in dem vom Gesetzgeber definierten Rahmen genutzt werden dürfen. Für einen wirksamen Schutz der inneren Sicherheit sind sie jedoch nicht ausreichend.[36]

Mittlerweile wurde dieses Gesetz zur Vorratsdatenspeicherung jedoch im März 2010 durch einen Urteilsspruch des Bundesverfassungsgerichts wieder gekippt. Eine derartige anlasslose Speicherung der Daten zum Zwecke der Strafverfolgung aller Deutschen verstößt nach Ansicht des Gerichts gegen das Grundgesetz. Zwar dürfen die Telekommunikationsanbieter die Daten speichern, die sie konkret zu Abrechnungszwecken benötigen, darüber hinaus ist es jedoch nicht gestattet.[37]

Ohne dieses Gesetz ergibt sich für die staatlichen Sicherheitsbehörden erneut das Problem, dass sich aufgrund veränderter Abrechnungsmodelle seitens der Telekommunikationsanbieter die verfügbare Datenmenge erheblich reduziert. Schließlich dürfen und brauchen diese zu Zwecken der Abrechnung nur diejenigen Verbindungen speichern, die entgeltpflichtig sind. Jedoch verbreiten sich Flatrates in allen Telekommunikationsbereichen mehr und mehr, sodass immer weniger Daten einer Speicherung bedürfen.[38] Abgerechnet werden die Tarife pauschal, ein Einzelgesprächsnachweis ist nicht mehr notwendig. Dies ist sowohl für Sprach- als auch für Datenverbindungen der Fall. Die Sicherheitsbehörden können nicht mehr auf Grundlage dieser Information nachvollziehen, wer wann mit wem wie lange kommuniziert hat.

Dennoch ist das Urteil des Bundesverfassungsgerichts begrüßenswert, denn es ist problematisch, durch eine verdachts- und anlasslose Vorratsdatenspeicherung die unbefangene Kommunikation, die für ein Funktionieren einer freiheitlichen Gesellschaft unabdingbar ist, erheblich zu beeinträchtigen.[39] Durch eine Vorratsdatenspeicherung wird die Unschuldsvermutung zu einem erheblichen Teil umgekehrt. Allen Personen wird ein mögliches rechtsabweichendes Verhalten unterstellt, das man im Falle eines Falles mithilfe dieser Daten nachweisen können will. „Mehr Überwachung bedeutet jedoch nicht zwangsläufig mehr Sicherheit. Bereits heute kommen die Sicherheitsbehörden mit der Auswertung der erhobenen Daten nicht nach […].“[40]

---

[36] Vgl. Ebd.

[37] Vgl. Beuth, Patrick: *Vorratsdaten. Telefonanbieter speichern weiter*, Zeit Online vom 07.09.2011, <http://www.zeit.de/digital/datenschutz/2011-09/vorratsdaten-funkzellen-speicherung> (Zugriff am 15.10.2011).

[38] Vgl. Schaar: *Der Rüstungswettlauf in der Informationstechnologie*, S. 55.

[39] Vgl. Ebd., S. 56.

[40] Groll, Kurt: *Internetüberwachung*, in: Lange, Hans-Jürgen (Hrsg.), Wörterbuch zur Inneren Sicherheit, VS Verlag für Sozialwissenschaften 2006, S. 144.

Unter diesen Gesichtspunkten ist es umso verwunderlicher, dass einige Telefonanbieter doch weiterhin mehr Daten für einen längeren Zeitraum speichern, als sie für ihre Abrechnungen benötigen. So berichtete die Zeit Online am 15. Oktober 2011, dass „[d]ie Mobilfunkbetreiber T-Mobile, Vodafone, O2 und E-Plus [...] dennoch bis zu sechs Monate lang [speichern, B.S.], welcher Kunde aus welcher Funkzelle wann wie lange mit wem telefoniert oder eine SMS geschickt hat."[41] Der Autor Patrick Beuth bezieht sich dabei auf einen Leitfaden zum Datenzugriff der Münchner Generalstaatsanwaltschaft vom Juni 2011. Es verwundert, weil für die Abrechnung es überhaupt nicht nötig ist, die Verbindungsdaten derart lange zu bevorraten. Paragraph 96 und 97 des Telekommunikationsgesetzes ermöglichen eine unterschiedliche rechtliche Auslegung dieser Verfahrensweise. Einerseits sollen gemäß dieses Gesetzes alle nicht benötigten Daten unverzüglich gelöscht werden, andererseits aber dürfen Verkehrsdaten „zum Aufbau und der Aufrechterhaltung der Telekommunikation"[42] gespeichert werden.[43] Zwar erfolgt somit keine staatlich initiierte Speicherung, die Daten sind aber dennoch vorhanden. Dieser Zustand ist fraglich bzw. zumindest Besorgnis erregend.

Das Hauptproblem der Vorratsdatenspeicherung liegt darin begründet, dass alle Bürgerinnen und Bürger als potenziell verdächtig behandelt werden. Man dokumentiert ihre Telekommunikation auf technischem Wege und kann anhand der Verbindungsdaten detaillierte Aussagen über ihr Verhalten machen. Anders ausgedrückt bedeutet das nichts anderes, als dass die Möglichkeit besteht, umfangreiche Bewegungsprofile von all denjenigen zu erstellen, die diese Kommunikationsmittel einsetzen. Erschreckend ist zudem, dass dies erfolgen kann, ohne dass die beobachtete und analysierte Person darüber überhaupt (im Nachhinein) in Kenntnis gesetzt wird oder gar ihre Zustimmung notwendig ist. Sicherlich entspräche eine vorherige Absprache mit der durch die Sicherheitsbehörden beobachteten Person nicht dem Sinn einer strafrechtlichen Ermittlung und wäre unsinnig. Dennoch ist es aber möglich, Personen zu überprüfen, die letztlich als unschuldig eingestuft werden, ohne diese im Nachhinein darüber aufzuklären, dass sie und ihr Verhalten staatlich analysiert wurden. Ferner ist es insofern problematisch, als dass man als Endnutzer oder Endnutzerin die Telekommunikationsanbieter nicht wirklich dazu veranlassen oder gar zwingen kann, die eigenen Verbindungsdaten nach

---

[41] Beuth: *Vorratsdaten. Telefonanbieter speichern weiter.*

[42] TKG § 96 Abs. 1 Satz 5.

[43] Vgl. Ebd.

der Abrechnung unverzüglich gänzlich zu löschen. Somit ist man ihrem Umgang mit den eigenen Daten unweigerlich ausgesetzt, solange man diese Kommunikationswege nutzt.

Da jedoch eine EU-Richtlinie zur Vorratsdatenspeicherung derzeit existiert, ist Deutschland gezwungen, diese Speicherung wieder einzuführen. Es läuft ein Vertragsverletzungsverfahren, da aktuell keine derartige Bevorratung stattfindet. Über die Form dieser Speicherung und die Modalitäten ihrer Umsetzung wird noch umfangreich debattiert und gestritten.

4.2 Die Quellen-Telekommunikationsüberwachung und der Staatstrojaner

Die Telekommunikationsüberwachung (kurz TKÜ) bezeichnet alle Aktivitäten der Sicherheitsbehörden „[…] zur Überwachung von privaten Nachrichtenübermittlungen mittels technischer Einrichtungen"[44]. Sie soll als besondere Maßnahme „[…] vor allem den ermittlungsstrategischen Mangel eines fehlenden Anzeigenerstatters ausgleichen."[45] Je nach Einsatzzweck muss sie von einem Bundes- oder Landesinnenminister, einem Richter bzw. einer Richterin oder bei Gefahr in Verzug durch eine Staatsanwaltschaft anordnen werden. Die Daten dürfen nur für bestimmte Strafverfahren verwendet werden. Ferner ist die TKÜ zeitlich befristet, kann aber ggf. verlängert werden. Sobald die erhobenen Informationen nicht mehr für die Strafverfolgung benötigt werden, sind sie zu vernichten. Darüber hinaus müssen die Betroffenen, sobald der Überwachungszweck nicht mehr gefährdet wird, über die bei ihnen durchgeführte TKÜ unterrichtet werden. Vergleicht man die Anzahl der Fälle, in denen eine TKÜ eingesetzt wird, international, so liegt Deutschland auf einem hohen Niveau.[46]

Die Quellen-Telekommunikationsüberwachung (kurz Quellen-TKÜ) stellt eine Unterform hierbei dar, denn sie bezieht sich auf die Kommunikation, die über den Computer abgewickelt wird. Mithilfe einer speziellen Software, die umgangssprachlich als Staatstrojaner bezeichnet wird, soll dies ermöglicht werden. Diese wird durch die Sicherheitsbehörden verdeckt auf einem oder mehreren Computern einer strafverdächtigen Person installiert und soll dort Daten für die Ermittlung sammeln. Seinen Ursprung hat der Staatstrojaner 2005 zu der Amtszeit des damaligen Bundesinnenministers Otto Schily. Bereits Ende Februar 2008 widersprach das Bundesverfassungsgericht dem Einsatz der Software in dieser Form- und Funktionsweise. Eine eingeschränkte Version soll nur die Sprachtelekommunikation an sich überwachen können

---

[44] Zdun, Steffen: *Telekommunikationsüberwachung*, in: Lange, Hans-Jürgen (Hrsg.), Wörterbuch zur Inneren Sicherheit, VS Verlag für Sozialwissenschaften 2006, S. 325.

[45] Ebd., S. 326.

[46] Vgl. Ebd., S. 326 ff.

und darüber hinaus über keine weiteren Funktionen verfügen. Notwendig ist diese Quellen-TKÜ, weil immer mehr Telefonate über den Computer und das Internet abgewickelt werden. Dabei erfolgt die Verschlüsselung des Gesprächs bereits auf den jeweiligen Computern der Gesprächsteilnehmern. Ebenso verhält es sich mit der Entschlüsselung, die erst „am anderen Ende" geschieht. Somit können die Sicherheitsbehörden ihre Ermittlungs- und Überwachungsmaßnahmen nicht wie gehabt als zwischengeschalteter Mittelsmann durchführen, sie müssen die Gespräche direkt an der Quelle (daher auch die Bezeichnung Quellen-TKÜ) vornehmen. Über das Internet und internetbasierte Kommunikation haben Straftätern die Möglichkeit, verdeckt zu handeln und zu kommunizieren, ohne dass persönliche Treffen mit ihren Komplizen und anderen ihr Handeln unterstützende Personen notwendig sind. Somit ergibt sich das Problem, „[…] dass die klassischen Ermittlungsmethoden der Sicherheitsbehörden weitgehend ins Leere laufen, wenn sich potenzielle Gewalttäter nicht mit Dritten über ihre Pläne austauschen"[47]. Insofern ist die Quellen-TKÜ in ihrer limitierten Form vollkommen nachvollziehbar, weil den Behörden die Möglichkeit gegeben werden muss, ihrer bisherigen Arbeit auch weiterhin nachzukommen. Dafür sind mit dem großflächigen Einzug neuer Kommunikationsformen auch veränderte Handlungsmöglichkeiten und Werkzeuge notwendig.

Allgemein ist an der TKÜ problematisch, „[…] dass der Benachrichtigungspflicht der Behörden im Anschluss an einer Maßnahme oftmals nicht nachgekommen [wird]"[48]. Außerdem fehlt den Richtern für eine sorgfältige Prüfung häufig die erforderliche Zeit.[49] Auch hier ist es fraglich, ob die Sicherheitsbehörden es überhaupt schaffen, die Vielzahl an Daten hinreichend zu überprüfen. Durch das Einschleusen und Verwenden eines Schadprogrammes (in diesem Fall der Staatstrojaner) auf dem Rechner einer verdächtigen Person werden zudem Schwachstellen geschaffen, die auch durch andere Hacker genutzt werden könnten. Die Sicherheit der IT-Infrastruktur wird durch das Vorhandensein von Überwachungsschnittstellen, über die die staatlichen Spionageprogramme ihre Daten austauschen und gesteuert werden, geschwächt.[50]

Kürzlich wurde durch den Chaos Computer Club aufgedeckt, dass Versionen des Staatstrojaners eingesetzt wurden, die nicht dem durch das Bundesverfassungsgericht limitierten Funkti-

---

[47] Rux: *Wie viel muss der Rechtsstaat wissen?*, S. 219.
[48] Zdun: *Telekommunikationsüberwachung*, S. 328.
[49] Vgl. Ebd., S. 329.
[50] Vgl. Groll: *Internetüberwachung*, S. 143.

onsumfang entsprechen. Die Analyse der Software durch den Club ergab, dass die Vorschriften um ein Vielfaches überschritten werden, denn es ist u.a. möglich, weitere Funktionen zu aktivieren.[51] Zudem öffnet das Programm „[...] eklatante Sicherheitslücken in den infiltrierten Rechnern, die auch Dritte ausnutzen können"[52]. Die Software geht über das bloße Abhören von Kommunikation weit hinaus, kann ferngesteuert weitere Programme nachladen, diese ausführen und ermöglicht somit sogar den Vollzugriff auf den Rechner. Hierdurch kann Datenmaterial auf dem überwachten Computer sogar verändert werden. Die digitale Privatsphäre und die genehmigte Abhörung der Telekommunikation sind demzufolge nicht strikt voneinander getrennt. Weiterhin ist bei den untersuchten Versionen des Staatstrojaners problematisch, dass die Verschlüsselung der an die Sicherheitsbehörden übertragenen Daten nicht ausreichend ist und somit die Überwachung und die erhobenen Beweismittel selber Hacker zum Opfer fallen können. Die Kommandos zur Steuerung der Software werden bei diesen Varianten gänzlich unverschlüsselt übertragen und können durch Dritte ebenso manipuliert werden, was letztlich zur Verfälschung der Überwachungsergebnisse führen kann.[53] Somit widerspricht der Einsatz dieser Software dem Gerichtsurteil.

Durch den Vollzugriff ist es z.B. möglich, auf belastendes Material zuzugreifen, welches der Nutzer oder die Nutzerin des überwachten Computers niemals eingesetzt hat. So können beispielsweise belastende Emails und Texte verfasst worden sein, ohne dass sie jemals versandt wurden und hierdurch als Beweismittel dienlich wären. Der Nachweis, dass diese nicht benutzt wurden, wird für die beschuldigte Person in einer gerichtlichen Verhandlung nur sehr schwierig (wenn überhaupt) machbar sein. Durch die aufgedeckten Schwachstellen könnte es darüber hinaus dazu kommen, dass Dritte belastendes Material auf dem Computer deponieren, das die Nutzerin oder der Nutzer niemals selber gespeichert hat.

Der bayerische Innenminister Joachim Herrmann bestätigte gegenüber dem Tagesspiegel kurze Zeit nach der Veröffentlichung durch den Chaos Computer Club, dass die analysierte Überwachungssoftware bei den bayerischen Behörden eingesetzt wurde. Das Bundesinnenministerium gab an, dass die Quellen-TKÜ in vier Bundesländern eingesetzt wird und dass zwei

---

[51] Vgl. Chaos Computer Club: *Chaos Computer Club analysiert Staatstrojaner*, 08.10.2011. Zugriff am 15.10.2011, <http://ccc.de/de/updates/2011/staatstrojaner>

[52] Ebd.

[53] Vgl. Ebd.

Länder sogar die volle Online-Durchsuchung praktizieren.[54] Zwar wird nicht immer ein und dieselbe Version des Spionageprogramms für Ermittlungen eingesetzt, dennoch muss sichergestellt werden, dass keines der verwendeten Exemplare die vom Bundesverfassungsgericht aufgezeigten Grenzen ignoriert.

Durch die Quellen-TKÜ sollen „lediglich" Gespräche nachvollzogen werden können, ein derartiger Vollzugriff auf den Computer geht jedoch viel tiefer in die Privatsphäre hinein. Hiermit kann der gesamte Datenverkehr des Nutzers und dadurch gleichzeitig sein Verhalten am Computer beobachtet werden. Alle seine gespeicherten Datenbestände lassen sich analysieren und auswerten, ohne dass er überhaupt etwas davon mitbekommt.[55] „Der Computer hat sich im Laufe der letzten Jahre zum Inbegriff der Privatheit entwickelt. […] Es wird tief in die Privatsphäre und damit auch in die Intimsphäre eines Menschen eingegriffen – und das in ganz anderer Weise als bei der akustischen Wohnraumüberwachung."[56]

5 Einschätzung und Wirksamkeit der staatlichen Eingriffe

Stellt man Menschen die Wahl zwischen Unfreiheit und Überleben, würde sich die Mehrheit eher für das Zweite entscheiden und dafür die Einschränkung seiner persönlichen Freiheiten akzeptieren. Deshalb wird in einer Demokratie von verschiedenen Seiten aus schnell der Ruf nach umfassenden Schutzmaßnahmen laut. Im Falle eines Falles besteht eine Neigung zu Überreaktionen. Diese scheinen für den Staat weniger problematisch zu sein, als wenn vorbeugende Maßnahmen versäumt würden.[57] Will der Staat darüber hinaus sogar von vornherein jegliches Unheil und jede Straftat vor ihrem Entstehen verhindern, so entwickelt er sich zum Präventionsstaat und vernachlässigt seine Aufgabe, neben Sicherheit auch so viel Freiheit wie möglich zu geben. „Wer vorbeugen will, weiß nie genug."[58] Der Staat sollte nicht nur *durch* Sicherheitsmaßnahmen, sondern auch *vor* zu vielen Sicherheitsmaßnahmen schützen.

> „Riskanter als die zeitweilige Freiheitsbeschränkung ist eine langfristige Politik der Vorsorge. Sie schreitet nicht erst ein, wenn der Terror zuschlägt oder unmittelbar bevorsteht, sondern wenn er für möglich gehalten wird. Um von vornherein jeden Notfall zu verhindern, werden die Freiheiten

---

[54] Vgl. Sauerbrey, Anna / Schneider, Johannes: *Skandal um Bundestrojaner. Bund weist alle Schuld von sich*, Der Tagesspiegel vom 12.10.2011,
<http://www.tagesspiegel.de/politik/bund-weist-alle-schuld-von-sich/4738608.html>.

[55] Vgl. Rux: *Wie viel muss der Rechtsstaat wissen?*, S. 218.

[56] Baum: *Im Spannungsfeld von Freiheit und Sicherheit*, S. 37.

[57] Vgl. Sofsky: *Das Prinzip Sicherheit.* S. 153 f.

[58] Baum: *Im Spannungsfeld von Freiheit und Sicherheit*, S. 35.

eingeschränkt, bevor sie bedroht sind. Welche Gefahr tatsächlich bevorsteht, ist ungewiss. [...] In einem Klima der Ängstlichkeit werden die Maßnahmen für den Ernstfall nicht nur vorbereitet, sie werden vorab schon ergriffen."[59]

Ein Staat, der (maximale) Sicherheit verspricht, „[...] gibt ein Versprechen ab, das er nie voll befriedigend wird einlösen können, das ihn aber ständig zu neuer Aktivität anstachelt."[60]

Solange hinreichend bestimmte Rechtsgrundlagen existieren, auf denen die Arbeiten der Sicherheitsbehörden fußen und durch welche sie überprüft und ggf. auch begrenzt werden, haben sie durchaus das Recht zur Erhebung, Speicherung und Verarbeitung von Daten. Das ist vollkommen berechtigt und für ihre Arbeit notwendig. Dabei muss und sollte aber immer das Prinzip der Verhältnismäßigkeit beachtet werden.[61] Die angewandten Mittel und Eingriffe in die Privatsphäre müssen gegenüber den erzielten Ergebnissen stimmig sein. Es darf nicht sein, dass sich staatliche Sicherheitsbehörden um jeden Preis die Informationen beschaffen, von denen sie der Meinung sind, dass sie zur Ermittlung einer Straftat wichtig sind. Das würde – bildlich gesprochen – bedeuten, man sprengt ein Haus, weil in dessen Erdgeschoss sich Hausschädlinge befinden. Sicherlich ist in diesem bildhaften Vergleich das Ziel, nämlich die Beseitigung der Schädlinge, erreicht, jedoch steht der dabei entstandene Schaden in keinem Verhältnis, sondern hätte mit passenderen Mitteln begrenzt oder gar gänzlich verhindert werden können.

„Vielmehr muss sich ein Rechtsstaat mit dem Risiko arrangieren, das sich daraus ergibt, dass eine totale Überwachung der Bürger zwar möglicherweise vollständige Sicherheit bieten, aber auch zu einer unzumutbaren Einschränkung der Freiheit führen würde."[62] Es ist eine ständige Verfolgung und Jagd: Auf der einen Seite stehen die Straftäter, die mittels neuer und neuester Entwicklungen versuchen, ihr Treiben und Handeln zu kaschieren und abzuschotten, auf der anderen befinden sich die Sicherheitsbehörden und Strafverfolger, die jenen hinterherlaufen und dabei versuchen, sie zu überholen, um sich ihnen in den Weg zu stellen und sie aufzuhalten. Es ist nicht möglich, jeden potenziellen Raum eines Angriffs zu kontrollieren und vor eben diesem Angriff zu schützen. „Selbst bei flächendeckender Überwachung internetbasierter

---

[59] Sofsky: *Das Prinzip Sicherheit.* S. 154 f.

[60] Denninger, Erhard: *Freiheit durch Sicherheit? Wie viel Schutz der inneren Sicherheit verlangt und verträgt das deutsche Grundgesetz?*, in: Pitschas, Rainer / Stolzlechner, Harald (Hrsg.), Auf dem Weg in einen "neuen Rechtsstaat". Zur künftigen Architektur der inneren Sicherheit in Deutschland und Österreich, Duncker & Humblot 2004, S. 119.

[61] Vgl. dazu Rux: *Wie viel muss der Rechtsstaat wissen?*, S. 214.

[62] Ebd., S. 215. Vgl. dazu auch Baum: *Im Spannungsfeld von Freiheit und Sicherheit*, S. 32.

Kommunikation sind die Maßnahmen ungeeignet, um Verabredungen oder Planungen rechtswidriger Handlungen zu verhindern oder auch nur (vor der Ausführung der Tat) zu entdecken."[63]

Zumindest muss man derzeit konstatieren, dass die eingesetzten Mittel nicht wirklich ergiebig und effektiv sind. Womöglich erfolgen in den kommenden Jahre entsprechende Entwicklungen, die dies ändern. Für den Einsatz der Vorratsdatenspeicherung existieren mittlerweile Gutachten und Berichte, die den Nutzen dieser Maßnahme für die Aufklärung von Straftaten untersuchen. So wurde die praktischen Auswirkungen der Vorratsdatenspeicherung auf die Entwicklung der Aufklärungsquote in den EU-Mitgliedsstaaten analysiert. Diese Quote pegelt sich in Deutschland für die Jahre 2005-2010 immer bei 55-56 % ein.[64] „Die Aufklärungsquote weist keine signifikante Veränderung auf."[65] Somit konnten keine Beweise aufgezeigt werden, durch die bestätigt wird, dass die Vollüberwachung der Bürgerinnen und Bürger einen adäquaten Mehrwert für die Strafverfolgung bietet. Eine fundierte Begründung und Rechtfertigung der Vorratsdatenspeicherung fehlt bislang. Demzufolge ist es erfreulich, dass das BVerfG in seinem Urteil bereits 2010 dieser Speicherung widersprochen hat.

An die schon erwähnte Unsicherheit der Überwachungsschnittstellen der Quellen-TKÜ sowie die Möglichkeit, detaillierte Persönlichkeitsprofile durch eine langfristige Datenspeicherung und Datenanhäufung zu erstellen, soll hier nur noch einmal erinnert werden.

6 Weitere Rechtsbezüge

An dieser Stelle sollen in kurzer Form weitere Rechtsbezüge dargestellt werden. Eine umfassende Betrachtung kann im Rahmen der Arbeit jedoch nicht erfolgen.

Als Rechte, die die Bürgerinnen und Bürger schützen, fungieren vor allem die Grundrechte. Sie sind zunächst Abwehrrechte der Bürgerin und des Bürgers gegen den Staat.[66] „Grundrechte [...] errichten Schranken für staatliches Handeln und markieren Freiheitsräume des Einzelnen gegenüber staatlichen Eingriffen und Übergriffen."[67] Hierbei wird oftmals Artikel 2 des Grundgesetzes bemüht. Dabei fungiert der Artikel häufig als „Auffangartikel", da sich unter

---

[63] Groll: *Internetüberwachung*, S. 142.

[64] Vgl. Becher, Johannes: *Die praktischen Auswirkungen der Vorratsdatenspeicherung auf die Entwicklung der Aufklärungsquoten in den EU-Mitgliedstaaten.* Wissenschaftlicher Dienst des Bundestags 2011, S. 5.

[65] Ebd.

[66] Vgl. dazu das „Lüth-Urteil" 1958, BVerfG 7, 198.

[67] Glaeßner: *Sicherheit und Freiheit*, S. 8 f.

Berufung auf ihn in einer Vielzahl der Fälle die persönliche Freiheit verteidigen lässt, wenn keine anderen spezifischeren Gesetze existieren. Jegliches Handeln kann und darf damit allerdings auch nicht begründet werden.

Durch das Urteil des BVerfG zur Online-Durchsuchung im Februar 2008 wurde seitens der Richter eine Konkretisierung des Persönlichkeitsrechts vorgenommen. Denn „[d]ie Gewährleistungen der Art. 10 GG (Telekommunikationsgeheimnis) und Art. 13 GG (Unverletzlichkeit der Wohnung) wie auch die bisher in der Rechtsprechung des Bundesverfassungsgerichts entwickelten Ausprägungen des allgemeinen Persönlichkeitsrechts tragen dem durch die Entwicklung der Informationstechnik entstandenen Schutzbedürfnis nicht hinreichend Rechnung."[68]

Hierdurch ergibt sich erstmals „[…] das allgemeine Persönlichkeitsrecht in seiner besonderen Ausprägung als Grundrecht auf Gewährleistung der Vertraulichkeit und Integrität informationstechnischer Systeme"[69]. Das BVerfG argumentiert, dass informationstechnische Systeme eine zentrale Bedeutung für die Persönlichkeitsentfaltung vieler Bürgerinnen und Bürger haben. Dadurch entstehen jedoch auch neuartige Gefahren für ihre Persönlichkeit, da durch eine Überwachung der Nutzung dieser Systeme und eine Auswertung der auf diesen gespeicherten Daten weit reichende Rückschlüsse auf die Persönlichkeit oder sogar ein Persönlichkeitsprofil ergeben.[70] Demzufolge besteht laut dem BVerfG „[…] ein grundrechtlich erhebliches Schutzbedürfnis"[71].

Auch der Datenschutz ist hier anzuführen, der ebenso gesetzlich festgeschrieben ist. Seine Aufgabe ist „[…] der Schutz des Einzelnen und seines Persönlichkeitsrechtes im Umgang mit personenbezogenen Daten"[72].

Ferner ist erneut auf die Rechtsstaatlichkeit zu verweisen, die in Art. 28 Abs. 1 GG angeführt wird. Demzufolge kann der Staat nur, ausschließlich nur auf Grundlage von Gesetzen handeln und eingreifen. Ziel ist es dabei, die Gewährleistung der Grundrechte zu sichern. Dies bedeu-

---

[68] Bundesverfassungsgericht: *Vorschriften im Verfassungsschutzgesetz NRW zur Online-Durchsuchung und zur Aufklärung des Internet nichtig. Pressemitteilung Nr. 22/2008 vom 27. Februar 2008 zum Urteil vom 27. Februar 2008 – 1 BvR 370/07; 1 BvR 595/07.* Zugriff am 7.11.2011, <http://www.bverfg.de/pressemitteilungen/bvg08-022.html>

[69] Ebd.

[70] Vgl. Ebd.

[71] Ebd.

[72] Bußmer, Axel: *Datenschutz*, in: Lange, Hans-Jürgen (Hrsg.), Wörterbuch zur Inneren Sicherheit, VS Verlag für Sozialwissenschaften 2006, S. 57.

tet im Umkehrschluss, dass für den Bereich der modernen Kommunikationsmedien und den Umgang mit diesen weitere Entscheidungen getroffen und durch Gesetze gefestigt werden müssen.

7 Fazit

Moderne Kommunikationsmedien begleiten die Menschen in ihrem Alltag, zum Teil sind sie sogar auf sie angewiesen. Demzufolge stellen sie einen sensiblen Bereich dar, den es zu schützen gilt. Staatliche Eingriffe sind sicherlich notwendig, müssen aber hinterfragt und in ihrer Anzahl gering gehalten werden.

Dabei ist es klar, dass die Wirksamkeit von (Schutz-) Maßnahmen nicht sofort und unmittelbar zu sehen ist, denn dies stellt sich mitunter erst mit der Zeit ein. Daher ist es wichtig, dass eine umfassende kritische Bewertung der Maßnahmen und ggf. danach eine Überarbeitung erfolgen muss. Die Formen des Eingriffs und der für nötig erachtete Umfang hängt sicherlich vom Blickwinkel des Betrachters und den Interessen der Akteure ab. Während die Sicherheitsbehörden sich umfassende Ermittlungsdaten erhoffen, wollen Datenschützer die Privatsphäre verteidigen. Beide Seiten werden zu gewissen Kompromissen bereit sein müssen.

Es ist und bleibt besonders wichtig, dass eine Transparenz der befugten Behörden und der angewandten Maßnahmen besteht. Nur so kann man den Bürgerinnen und Bürger die Sicherheit geben, dass das staatliche Handeln kontrolliert verläuft. Die Ermittlungsmaßnahmen müssen mittels detaillierter Gesetze legitimiert werden und überprüfbar sein. Derzeitig existieren diese jedoch derart noch nicht. Es muss ein Recht entwickelt werden, das sowohl die Privat- und Intimsphäre schützt, aber gleichzeitig auch umfassende Ermittlungsarbeit gewährleistet. Eine vollflächige Überwachung auf geheimer Art und Weise kann darauf allerdings nicht die Antwort sein.

Unter den dargelegten aktuellen Gesichtspunkten und im Hinblick auf die gegenwärtige Lage muss die eingangs formulierte These bestätigt werden. Der Staat verletzt die Freiheit für die Schaffung innerer Sicherheit im Bereich der modernen Kommunikationsmittel in starkem Maße; der dabei erzielte Gewinn an innerer Sicherheit steht zu den verwendeten Mitteln in keinem Verhältnis. Es ist sehr wünschenswert, dass sich dies ändert und verbessert. Ferner kann eine indirekte Verdächtigung aller Bürgerinnen und Bürger nicht Sinn der Sache sein. Eine derartige Einstellung negiert die Unschuldsvermutung.

Dass staatliche Behörden zur Verringerung der Unsicherheiten die persönliche Freiheit zu bestimmten Zeitpunkten bei verdächtigen Personen verletzen bzw. einschränken müssen, daran besteht kein Zweifel. Die Frage ist jedoch immer wieder, auf welche Art und Weise, in welchem Umfang dies geschieht und ob sich nicht vermeiden ließe, indem andere Methoden angewandt würden.

8 Bibliografie

Baum, Gerhart: *Im Spannungsfeld von Freiheit und Sicherheit*, in: Arnauld, Andreas von / Staack, Michael (Hrsg.), Sicherheit versus Freiheit?, Berlin: Berliner Wissenschafts-Verlag, 2009, S. 31-38.

Becher, Johannes: *Die praktischen Auswirkungen der Vorratsdatenspeicherung auf die Entwicklung der Aufklärungsquoten in den EU-Mitgliedstaaten*, Wissenschaftlicher Dienst des Bundestags, 2011, <http://www.vorratsdatenspeicherung.de/images/Sachstand_036-11.pdf>.

Beuth, Patrick: *Vorratsdaten. Telefonanbieter speichern weiter*, Zeit Online vom 07.09.2011, <http://www.zeit.de/digital/datenschutz/2011-09/vorratsdaten-funkzellen-speicherung > (Zugriff am 15.10.2011).

Böckenförde, Stephan: *Die Veränderung des Sicherheitsverständnisses*, in: Böckenförde, Stephan / Gareis, Sven Bernhard (Hrsg.), Deutsche Sicherheitspolitik. Herausforderungen, Akteure und Prozesse, Opladen: Verlag Barbara Budrich, 2009, S. 11-44.

Borsdorff, Anke: *Datenerhebung*, in: Lange, Hans-Jürgen (Hrsg.), Wörterbuch zur Inneren Sicherheit, Wiesbaden: VS Verlag für Sozialwissenschaften, 2006, S. 54-57.

Bundesverfassungsgericht: *Vorschriften im Verfassungsschutzgesetz NRW zur Online-Durchsuchung und zur Aufklärung des Internet nichtig. Pressemitteilung Nr. 22/2008 vom 27. Februar 2008 zum Urteil vom 27. Februar 2008 – 1 BvR 370/07; 1 BvR 595/07.* Zugriff am 7.11.2011, <http://www.bverfg.de/pressemitteilungen/bvg08-022.html>

Chaos Computer Club: *Chaos Computer Club analysiert Staatstrojaner*, 08.10.2011. Zugriff am 15.10.2011, <http://ccc.de/de/updates/2011/staatstrojaner>

Denninger, Erhard: *Freiheit durch Sicherheit? Wie viel Schutz der inneren Sicherheit verlangt und verträgt das deutsche Grundgesetz?*, in: Pitschas, Rainer / Stolzlechner, Harald (Hrsg.), Auf dem Weg in einen "neuen Rechtsstaat". Zur künftigen Architektur der inneren Sicherheit in Deutschland und Österreich, Berlin: Duncker & Humblot, 2004, S. 113-125.

Feltes, Thomas: *Akteure der Inneren Sicherheit: Vom Öffentlichen zum Privaten*, in: Lange, Hans-Jürgen / Ohly, H. Peter / Reichertz, Jo (Hrsg.), Auf der Suche nach neuer Sicherheit. Fakten, Theorien und Folgen, Wiesbaden: VS Verlag für Sozialwissenschaften, 2009, S. 105-114.

Glaeßner, Gert-Joachim: *Sicherheit und Freiheit,* Aus Politik und Zeitgeschichte B 10-11/ 2002, S. 3-13.

Grimm, Dieter: *Das staatliche Gewaltmonopol,* in: Anders, Freia / Gilcher-Holtey, Ingrid (Hrsg.), Herausforderungen des staatlichen Gewaltmonopols. Recht und politisch motivierte Gewalt am Ende des 20. Jahrhunderts, Frankfurt am Main: Campus Verlag, 2006, S. 18-38.

Groll, Kurt: *Internetüberwachung,* in: Lange, Hans-Jürgen (Hrsg.), Wörterbuch zur Inneren Sicherheit, Wiesbaden: VS Verlag für Sozialwissenschaften, 2006, S. 140-144.

Gusy, Christoph: *Der öffentliche Raum – Ein Raum der Freiheit, der (Un-)Sicherheit und des Rechts,* Juristen Zeitung 5/2009, S. 217-224.

Rux, Johannes: *Wie viel muss der Rechtsstaat wissen? Datenerhebung im Kernbereich des Persönlichkeitsrechts,* in: Huster, Stefan / Rudolph, Karsten (Hrsg.), Vom Rechtsstaat zum Präventionsstaat, Frankfurt am Main: Suhrkamp Verlag, 2008, S. 208-227.

Sauerbrey, Anna / Schneider, Johannes: *Skandal um Bundestrojaner. Bund weist alle Schuld von sich,* Der Tagesspiegel vom 12.10.2011, <http://www.tagesspiegel.de/politik/bund-weist-alle-schuld-von-sich/4738608.html>.

Schaar, Peter: *Der Rüstungswettlauf in der Informationstechnologie,* in: Huster, Stefan / Rudolph, Karsten (Hrsg.), Vom Rechtsstaat zum Präventionsstaat, Frankfurt am Main: Suhrkampf Verlag, 2008, S. 45-63.

Schubert, Klaus / Klein, Martina: *Das Politiklexikon, 4. erweiterte und aktualisierte Auflage,* Bonn: Dietz, 2006.

Schwarz, Kyrill-A.: *Die Dogmatik der Grundrechte – Schutz und Abwehr im freiheitssichernden Staat,* in: Blaschke, Ulrich / Förster, Achim / Lumpp, Stephanie / Schmidt, Judith (Hrsg.), Sicherheit statt Frieden? Staatliche Handlungsspielräume in extremen Gefährdungslagen, Berlin: Duncker & Humblot, 2005, S. 29-49.

Sofsky, Wolfgang: *Das Prinzip Sicherheit,* Frankfurt am Main: S. Fischer Verlag, 2005.

Zdun, Steffen: *Telekommunikationsüberwachung*, in: Lange, Hans-Jürgen (Hrsg.), Wörterbuch zur Inneren Sicherheit, Wiesbaden: VS Verlag für Sozialwissenschaften, 2006, S. 325-329.